Y0-CJE-870

Date: 11/21/18

SP J 333.72 ORO
Orozco-Velásquez, Diana
Cómo cuidar nuestro planeta /

**PALM BEACH COUNTY
LIBRARY SYSTEM**
3650 Summit Boulevard
West Palm Beach, FL 33406-4198

CÓMO CUIDAR NUESTRO PLANETA

PANAMERICANA
EDITORIAL
Colombia • México • Perú

Orozco-Velásquez, Diana María
  Cómo cuidar nuestro planeta / Diana María Orozco-Velásquez, Gina Marcela Orozco Velásquez. -- Editor Margarita Montenegro Villalba. -- Bogotá : Panamericana Editorial, 2015.
  48 páginas : ilustraciones ; 28 cm.
  Incluye índice.
  ISBN 978-958-30-5070-1
  1. Ecología - Preguntas y respuestas 2. Conservación de la tierra - Preguntas y respuestas 3. Conservación de los recursos naturales I. Orozco Velásquez, Gina Marcela II. Montenegro Villalba, Margarita, editora III. Tít.
  577 cd 21 ed.
  A1511003
      CEP-Banco de la República-Biblioteca Luis Ángel Arango

Primera edición, marzo de 2016
© Diana María Orozco-Velásquez
© Gina Marcela Orozco Velásquez
© 2015 Panamericana Editorial Ltda.
Calle 12 No. 34-30, Tel.: (57 1) 3649000
Fax: (57 1) 2373805
www.panamericanaeditorial.com
Bogotá D. C., Colombia

Editor
Panamericana Editorial Ltda.
Edición
Margarita Montenegro Villalba
Diseño y diagramación
Jonathan Duque, Martha Cadena

ISBN 978-958-30-5070-1

Prohibida su reproducción total o parcial por cualquier medio sin permiso del Editor.

Impreso por Panamericana Formas e Impresos S. A.
Calle 65 No. 95-28, Tels.: (57 1) 4302110 - 4300355.
Fax: (57 1) 2763008
Bogotá D. C., Colombia
Quien solo actúa como impresor.
Impreso en Colombia - *Printed in Colombia*

CONTENIDO

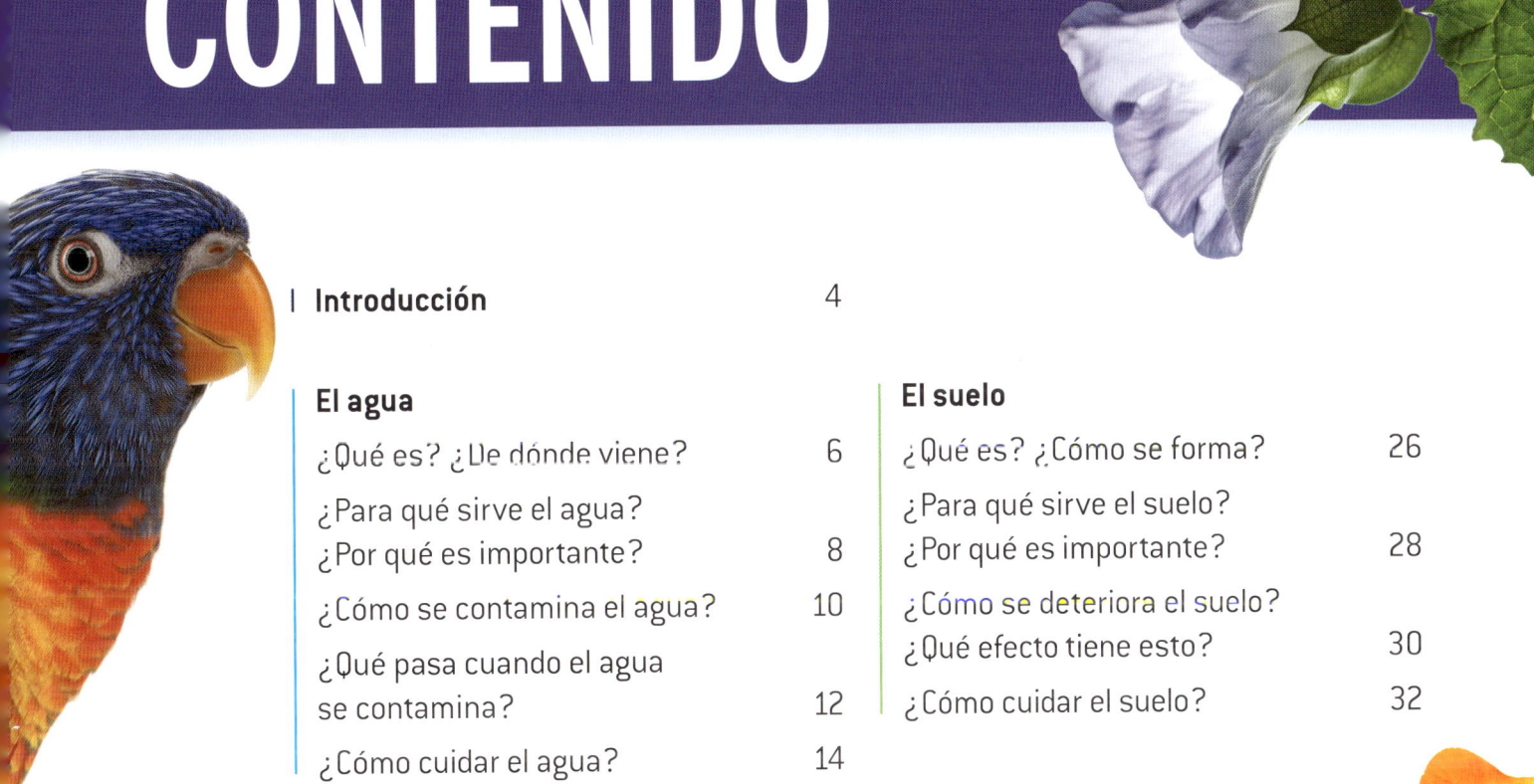

| Introducción | 4 |

El agua
¿Qué es? ¿De dónde viene? 6
¿Para qué sirve el agua?
¿Por qué es importante? 8
¿Cómo se contamina el agua? 10
¿Qué pasa cuando el agua se contamina? 12
¿Cómo cuidar el agua? 14

El aire
¿Qué es? ¿De dónde viene? 16
¿Cómo se contamina el aire? 18
¿Qué pasa cuando el aire se contamina? 20
¿Qué es la capa de ozono?
¿Por qué es importante? 22
¿Cómo cuidar el aire? 24

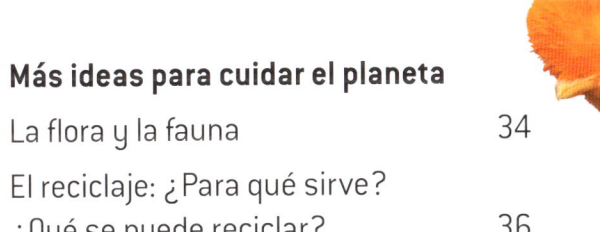

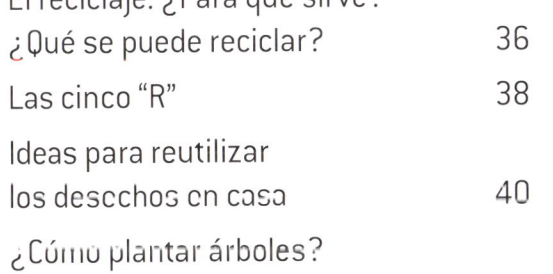

El suelo
¿Qué es? ¿Cómo se forma? 26
¿Para qué sirve el suelo?
¿Por qué es importante? 28
¿Cómo se deteriora el suelo?
¿Qué efecto tiene esto? 30
¿Cómo cuidar el suelo? 32

Más ideas para cuidar el planeta
La flora y la fauna 34
El reciclaje: ¿Para qué sirve?
¿Qué se puede reciclar? 36
Las cinco "R" 38
Ideas para reutilizar los desechos en casa 40
¿Cómo plantar árboles?
¿Cómo cuidarlos? 42

| Glosario | 44
| Índice | 47

INTRODUCCIÓN

La Tierra es nuestro hogar y el de muchos animales y plantas. La existencia de todos los seres vivos del planeta depende de que los seres humanos manejemos con responsabilidad los recursos naturales. La naturaleza nos brinda todo lo que necesitamos para poder vivir, como refugio, alimento y agua, pero todos los recursos que hacen posible la vida son limitados y pueden agotarse si no aprendemos a utilizarlos con sabiduría.

En este libro aprenderás cosas nuevas sobre el planeta en el que vives y sobre la importancia de cuidarlo, respetarlo y valorarlo para que tú, tu familia y todos los demás seres humanos podamos disfrutarlo hoy y en el futuro.

En cada sección encontrarás información sobre los recursos del planeta, su importancia y las consecuencias de su contaminación y mal uso. Además, aprenderás a protegerlos y a utilizarlos adecuadamente en casa, mediante acciones simples que puedes poner en práctica con tu familia y con los miembros de tu comunidad. Estas ideas para cuidar el planeta no solo te darán la alegría de contribuir a la protección de la naturaleza, sino que traerán beneficios como una buena salud y una mejor economía en el hogar.

Si pones en práctica las ideas que te presentamos, podrás unirte a los millones de personas en el mundo que se preocupan por el medio ambiente y que trabajan por mejorarlo **día a día**. Además, podrás convertirte en un líder del cuidado del planeta y animar a muchas más personas a que se unan a esta causa.

EL AGUA

¿Qué es? ¿De dónde viene?

EL CICLO DEL AGUA

En Latinoamérica

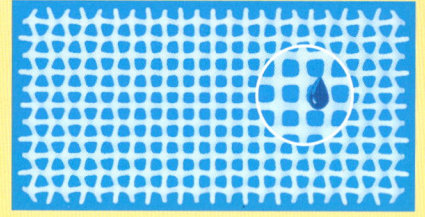

Existe un sistema de recolección de agua que aprovecha el proceso de condensación para atrapar las diminutas gotas de agua que hay en la neblina llamado *atrapanieblas*. Con este sistema se pueden recolectar hasta 350 litros de agua diarios aptos para el consumo humano. Este método ha sido aplicado en Chile, Perú, Guatemala, Ecuador y República Dominicana.

El sol calienta el agua líquida que se encuentra en el mar o en los ríos haciendo que esta se evapore o pase a estado gaseoso.

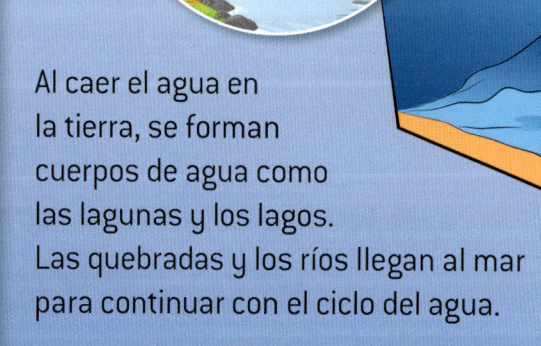

Al caer el agua en la tierra, se forman cuerpos de agua como las lagunas y los lagos. Las quebradas y los ríos llegan al mar para continuar con el ciclo del agua.

El agua

El agua es un recurso esencial para los seres vivos. La que se encuentra en el mar es salada; la de los ríos y las quebradas se llama "dulce" porque no contiene sal. El agua se origina en un ciclo en el que pasa por diferentes estados (líquido, gaseoso, sólido), lo que permite que este recurso siempre esté disponible.

El vapor de agua caliente (en estado gaseoso) sube y, al encontrarse con corrientes de aire frío, comienza a acumularse, gracias a un proceso llamado condensación, con el cual se forman las nubes.

Cuando se acumula mucho vapor de agua en las nubes, esta regresa a la tierra en forma de lluvia o precipitación.

También deberías saber

… que el hielo y la nieve forman parte del ciclo del agua. El hielo (agua en estado sólido) que está en las montañas se derrite y el agua líquida forma corrientes de agua, como los ríos, que permiten que continúe su ciclo. La nieve es vapor de agua congelado que cae del mismo modo que la lluvia.

7

¿Para qué sirve el agua? ¿Por qué es importante?

Nuestro cuerpo es 70% agua

Agua en el cuerpo humano

Nuestro cuerpo está compuesto principalmente de agua. Necesitamos consumir aproximadamente 2 litros de agua diarios para que nuestro cuerpo funcione correctamente. Mucha de esa agua proviene de los alimentos y las bebidas que consumimos todos los días.

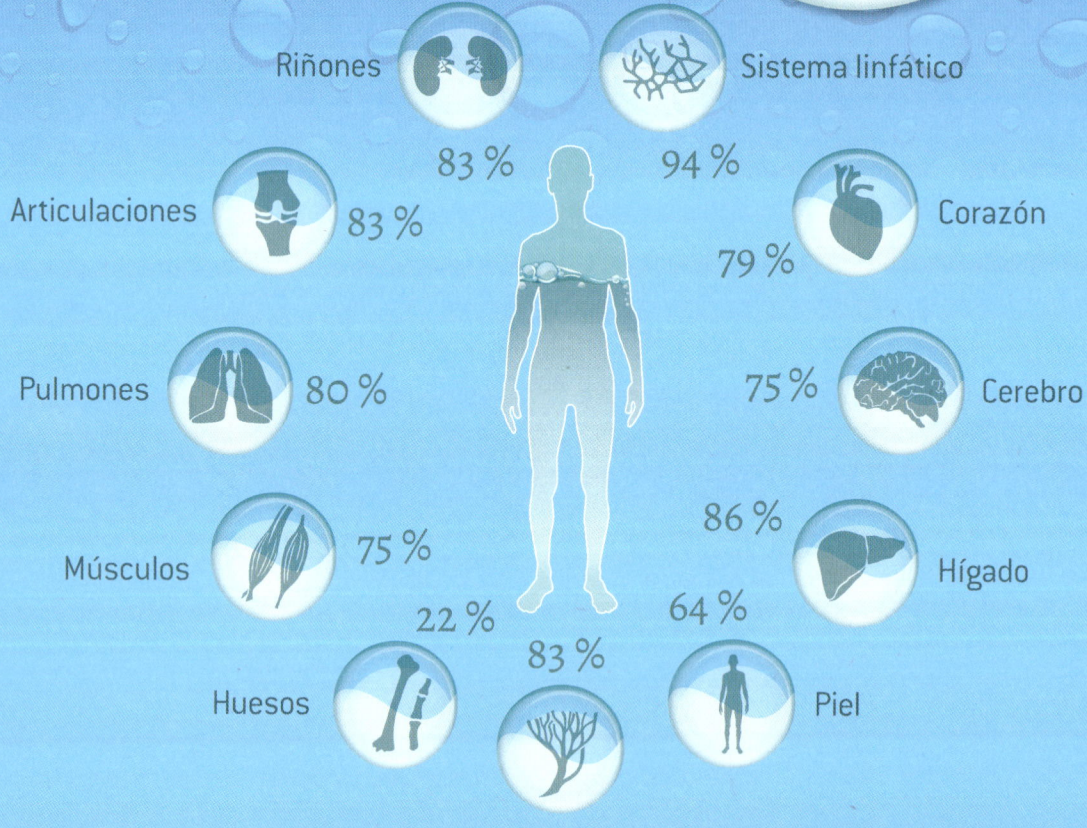

- Riñones 83 %
- Sistema linfático 94 %
- Articulaciones 83 %
- Corazón 79 %
- Pulmones 80 %
- Cerebro 75 %
- Músculos 75 %
- Hígado 86 %
- Huesos 22 %
- Piel 64 %
- Sangre 83 %

El agua es un elemento fundamental para la higiene personal y doméstica. La usamos al bañarnos, lavarnos las manos, limpiar los objetos que nos rodean y lavar la ropa, entre otras cosas.

Con el agua se produce energía eléctrica. Para hacerlo, se almacena en una presa, como la de la imagen, y luego se deja caer para poder generar electricidad.

A diario utilizamos agua para preparar muchos de los alimentos que consumimos. Una persona puede gastar hasta 8 litros de agua diarios cuando cocina.

El agua

El agua es necesaria para todos los seres vivos, pero solo una pequeña porción es potable o puede consumirse. Este líquido contribuye al crecimiento de las plantas y al desarrollo de las personas y los animales, a nuestra higiene personal y la de nuestros hogares, y a la fabricación de muchos productos.

El agua es importante para que las plantas crezcan. Muchos de los alimentos que consumimos provienen de las plantas, por eso las cultivamos o cuidamos en grandes terrenos. Esto solo es posible si las plantas que cultivamos reciben suficiente agua para vivir.

También deberías saber...

… que hoy bebemos la misma agua que bebieron nuestros antepasados. Cuando tomamos agua fresca, creemos que es agua nueva, pero en realidad ha sido reciclada una y otra vez, gracias al ciclo del agua. Esto significa que la cantidad de agua que hay actualmente en el planeta es la misma que había hace miles de millones de años y que es probable que el agua que bebas hoy la haya bebido un dinosaurio, un mamut, una planta o una persona que vivió hace cientos de años.

El agua también sirve como medio de transporte. Muchas embarcaciones transitan o se mueven sobre los ríos, los lagos y los océanos para llevar personas y productos de un lugar a otro, mientras que otras se utilizan para atrapar peces y otros seres vivos que consumimos como alimento.

¿Cómo se contamina el agua?

Desde casa

El agua puede contaminarse cuando se arroja al mar, a los ríos y a los lagos basura, como plásticos, vidrios, latas y desechos orgánicos (restos de frutas y vegetales, o ramas y hojas que quedan después de podar las plantas).

Otra fuente de contaminación es el agua de los desagües, ya que transporta el jabón con el que te bañas y te lavas las manos, el detergente con el que se lava la ropa y los residuos de los sanitarios. En muchas ocasiones, esta agua llega directamente a los ríos, a los lagos y al mar.

Desde el campo

La cría de animales puede contaminar el agua, pues en ella se pueden disolver o mezclar desechos orgánicos, como el estiércol y la orina, lo que aumenta la presencia de microorganismos, que son seres vivos tan pequeños que solo pueden verse bajo un microscopio.

Es común que los agricultores, quienes cultivan la tierra, rieguen sus cultivos con agua mezclada con sustancias químicas, como abonos, que hacen que las plantas crezcan mejor, o pesticidas, que evitan que los insectos se las coman.

El agua

Las sustancias que desechamos en nuestras actividades diarias llegan al agua de los ríos y los mares. Algunas pueden ser aprovechadas por los seres vivos que habitan en los cuerpos de agua y no se acumulan; otras, como los detergentes, son nocivas, se acumulan y cambian la composición del agua, contaminándola.

Desde las industrias

Las industrias utilizan agua durante la elaboración u obtención de productos. El agua resultante puede contener sustancias tóxicas y productos químicos. En ocasiones, esta contamina los lagos, las lagunas, los ríos y los océanos.

El agua se contamina durante los derrames de petróleo, pues es muy difícil limpiarlo debido a que es una mezcla de sustancias que no se disuelven en el agua.

También deberías saber…

… que el agua se contamina de forma natural. Cuando llueve, arrastra lo que encuentra a su paso y disuelve muchas sustancias. En algunos lugares, lleva consigo plantas, microorganismos y minerales. También puede arrastrar mercurio y llevarlo a los océanos, donde se acumula poco a poco.

¿Qué pasa cuando el agua se contamina?

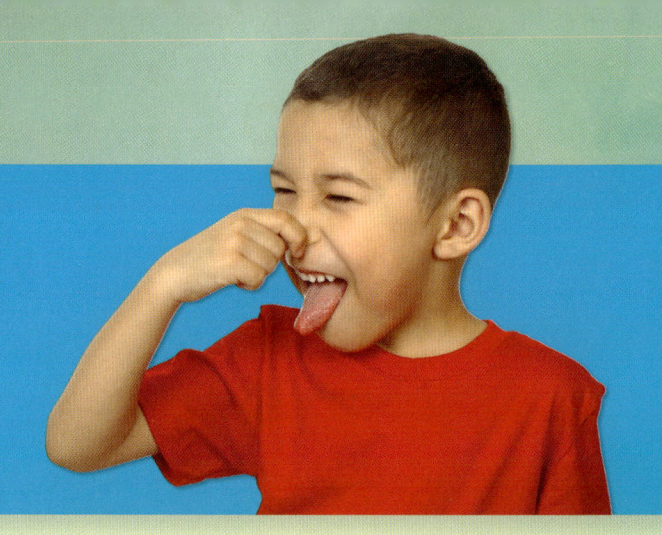

Cambios físicos

Las sustancias químicas y los desechos orgánicos de las basuras y los desagües pueden llegar a las fuentes de agua, donde se descomponen y producen **olores** fuertes, que podrían afectar tu salud.

El cambio en el **color** del agua ocurre cuando deja de ser transparente debido a la presencia de partículas en su interior. Cuantas más partículas haya en el agua, más sucia parecerá.

Cambios biológicos

El agua contaminada es un lugar ideal para la reproducción de **microorganismos** dañinos que causan enfermedades en la piel y el sistema digestivo de personas y animales.

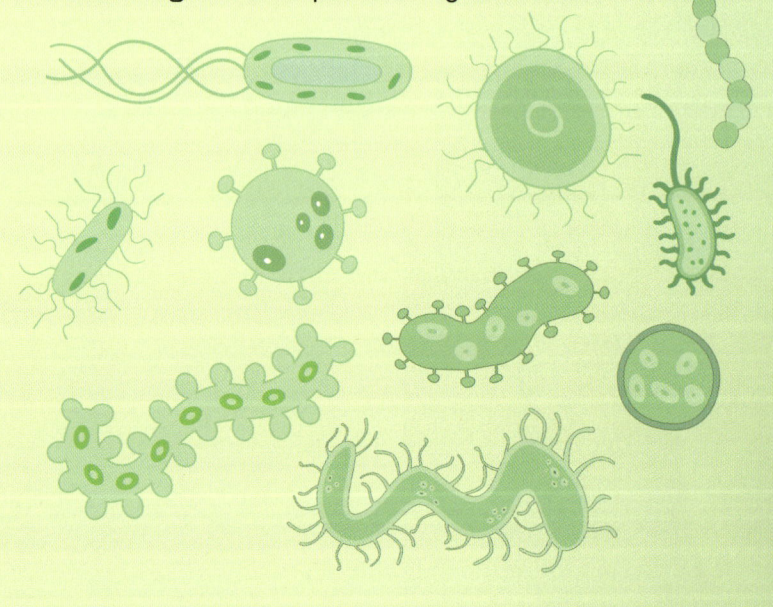

La **temperatura** del agua contaminada aumenta, lo cual disminuye la cantidad de oxígeno que contiene.

El agua

El agua es un elemento esencial para la vida de los seres humanos, los animales y las plantas. Cuando se contamina, sufre cambios que pueden ser físicos, químicos y biológicos, los cuales afectan su función vital y pueden convertirla en fuente de enfermedades, muerte y daños al medio ambiente.

Cambios químicos

La contaminación en el agua reduce la cantidad de oxígeno que contiene, el cual es importante para que los animales y las plantas puedan respirar. Sin este elemento, esos seres vivos pueden morir asfixiados.

También deberías saber...

… que cuando la basura llega al mar, muchos animales marinos y aves mueren al tragar desechos que flotan en el agua, porque creen que es comida, o mueren enredados en desechos que no les permiten moverse ni alimentarse normalmente.

Los detergentes y los jabones pueden generar espumas tóxicas sobre el agua, como se muestra en la imagen.

¿Cómo cuidar el agua?

Acorta el tiempo que pasas en la ducha y cierra la llave mientras te enjabonas.

Cierra la llave mientras te lavas los dientes y las manos.

¡No juegues con el agua! Aunque te parezca divertido, de esta forma se desperdicia mucho, así que evita malgastar este preciado líquido.

Riega las plantas temprano en la mañana o en la noche, para que el agua no se evapore.

Separa con tu familia los desperdicios que se producen en casa para reciclarlos. Así ayudarás a que no se contaminen las fuentes de agua.

Aprovecha el agua de lluvia para regar las plantas.

El agua

¡Sin agua no podríamos vivir! Por eso, es importante cuidarla. Con acciones simples e incluso divertidas, tú y tu familia pueden hacer una gran contribución al planeta que habitas. Aquí te mostramos algunas ideas que puedes practicar en casa para cuidar el agua.

Cierra la llave mientras enjabonas los platos. Procura no abrir toda la llave para retirar el jabón.

Lava el auto con cubetas de agua, no con una manguera. Ahorrarás hasta 12 litros de agua cada minuto.

Dile a un adulto que repare las tuberías y las llaves que goteen en casa. Ahorrarán hasta 170 litros de agua al mes… y mucho dinero.

Propón a tus padres que compren dispositivos economizadores de agua para la grifería y los inodoros.

También deberías saber…

… que se necesita mucha agua para producir los alimentos que consumimos. Por ejemplo, para producir un huevo se necesitan 200 litros de agua. Ten en cuenta que cuando desperdicias alimentos, también desperdicias agua.

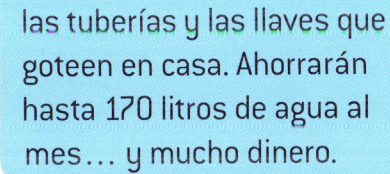

EL AIRE
¿Qué es? ¿De dónde viene?

Los animales y los seres humanos se valen del oxígeno para respirar y para que sus cuerpos funcionen correctamente. Algunos animales, como los peces, toman el oxígeno del agua, otros lo toman del lugar que los rodea. Pero ¿de dónde viene el oxígeno y quién lo repone cuando se utiliza?

Las plantas producen su propio alimento con ayuda de la luz solar. Durante ese proceso convierten el dióxido de carbono (CO_2) en oxígeno (O_2).

En Latinoamérica

Según un estudio de la Organización Mundial de la Salud (OMS), las ciudades de Latinoamérica con más contaminación en el aire son Cochabamba, Lima, Río de Janeiro, Monterrey, Guatemala y Medellín. Es importante que empecemos a cuidar el aire de nuestras ciudades.

Cuando los animales y los seres humanos respiran, toman oxígeno del aire y liberan dióxido de carbono. Este gas forma parte del proceso de fabricación del alimento de las plantas.

El aire

El aire está compuesto por varios gases, principalmente oxígeno y nitrógeno, y es muy importante para todos los seres vivos porque sin él no podríamos vivir. Esta mezcla de gases conforma la atmósfera, que es la capa que rodea el planeta y protege la vida en la Tierra, absorbiendo gran parte de la radiación solar.

También deberías saber...

... que las plantas terrestres solo producen una pequeña parte del oxígeno que respiramos, pues es un tipo de algas marinas microscópicas el que produce la mayoría. Esto quiere decir que la mayor parte del oxígeno que respiramos todos los seres vivos del planeta Tierra proviene de los océanos y no de los bosques.

1 Si todo el aire del planeta estuviera en este globo, esta parte representaría el nitrógeno. Como ves, hay gran cantidad de este elemento en el aire, el cual es importante para el crecimiento y la salud de las plantas.

2 El segundo elemento más abundante en el aire es el oxígeno. Esta sería la cantidad disponible para todos los seres vivos del planeta.

3 Esta parte representa otros gases que conforman la atmósfera y que se encuentran en muy poca cantidad.

¿Cómo se contamina el aire?

Al extraer carbón, petróleo o gas natural, se emite o libera un gas llamado metano, que contamina el aire. También se produce cuando el estiércol de los animales de cría o los desechos orgánicos se descomponen en un lugar cerrado.

Al quemar combustibles fósiles, como el carbón, el gas natural y los productos derivados del petróleo, se liberan sustancias tóxicas en el aire. Lo mismo ocurre al quemar basuras o durante los incendios.

El aire

El aire se contamina cuando se mezcla con sustancias químicas que alteran o cambian su composición normal. Si esto sucede, puede afectar la salud de las personas y del medio ambiente. La mayor cantidad de contaminación proviene de las grandes ciudades y las industrias.

Los aerosoles son partículas que al liberarse de los contenedores flotan en el aire y permanecen mucho tiempo en la atmósfera, afectando la temperatura y la velocidad de los vientos.

El humo del tabaco también puede contaminar el aire. Además, contiene sustancias tóxicas que afectan tanto a los fumadores como a quienes los rodean.

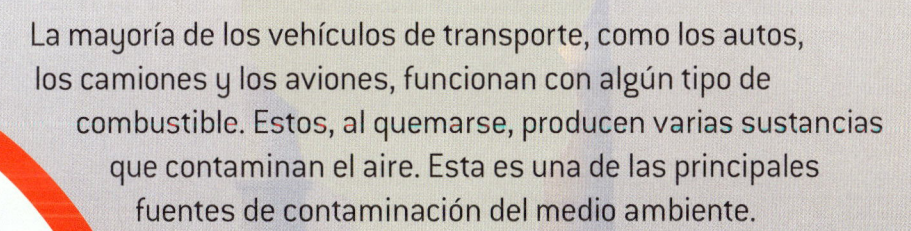

La mayoría de los vehículos de transporte, como los autos, los camiones y los aviones, funcionan con algún tipo de combustible. Estos, al quemarse, producen varias sustancias que contaminan el aire. Esta es una de las principales fuentes de contaminación del medio ambiente.

Muchas industrias emiten sustancias contaminantes cuando fabrican u obtienen sus productos. En esta imagen puedes ver el humo que sale de las chimeneas de una fábrica.

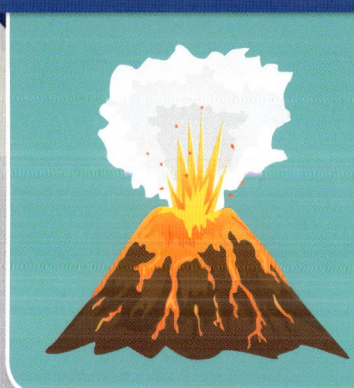

También deberías saber...

... que la contaminación del aire puede ocurrir de forma natural. Las emisiones de los gases y las cenizas de los volcanes, el humo de los incendios, el polvo, el polen y las esporas de las plantas, los hongos y las bacterias son factores que contribuyen a la contaminación del aire.

¿Qué pasa cuando el aire se contamina?

El aire forma parte del ciclo del agua. Cuando este líquido se evapora, se mezcla con el aire y con lo que hay en él, incluyendo los contaminantes provenientes de industrias y vehículos. En el momento de entrar en contacto, se producen sustancias peligrosas que caen a la tierra en forma de precipitación. Esto se llama lluvia ácida.

En las ciudades más contaminadas se forma el esmog, que es una combinación de humo, niebla y partículas contaminantes que permanecen quietas por mucho tiempo y flotan en las capas más bajas de la atmósfera, cerca del suelo. Como los seres vivos están en contacto con estos contaminantes, su salud puede verse afectada.

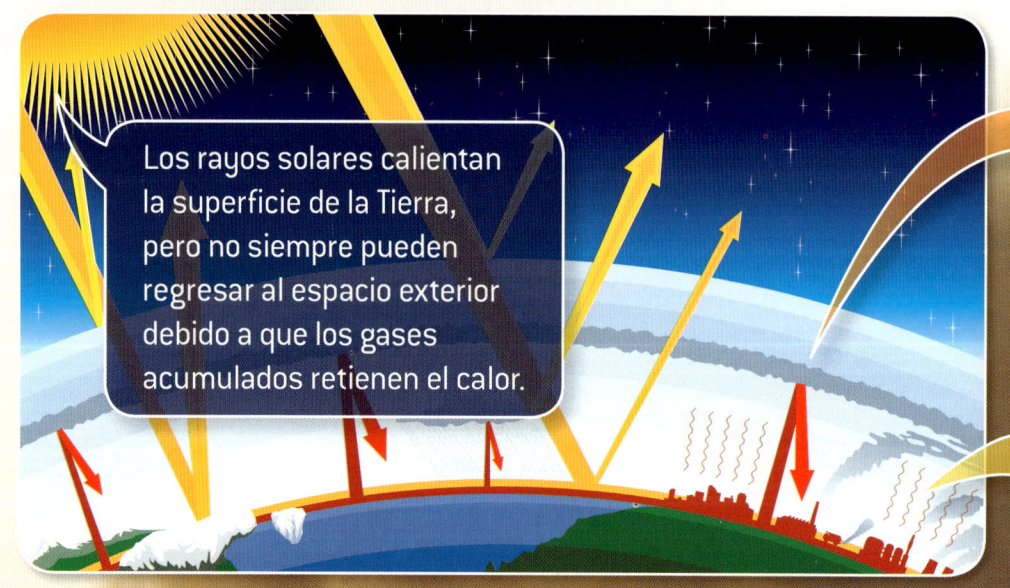

Los rayos solares calientan la superficie de la Tierra, pero no siempre pueden regresar al espacio exterior debido a que los gases acumulados retienen el calor.

El calor acumulado en la atmósfera hace que la temperatura del planeta aumente. Este fenómeno se llama efecto invernadero.

Los gases producidos por la contaminación se acumulan en la atmósfera.

El aire

Los contaminantes que llegan al aire provenientes de las fábricas, los autos y los aerosoles pueden ser perjudiciales o dañinos para el planeta y para todos los seres vivos. En ocasiones, estos pueden permanecer mucho tiempo en el aire, lo que afecta la temperatura del planeta, o pueden regresar a la tierra en forma de lluvia ácida.

Si una persona está en contacto continuo con los contaminantes acumulados en el aire, su salud puede estar en riesgo. La polución o contaminación puede afectar los ojos, la boca, la piel, la nariz y los pulmones.

Las plantas también pueden verse afectadas por la polución en el aire. Los contaminantes que están en el aire pueden acumularse sobre las hojas, lo que impide que las plantas elaboren su alimento.

También deberías saber...

… que el color blanco de los polos de la Tierra ayuda a devolver los rayos solares al espacio exterior, lo que permite controlar o regular la temperatura del planeta. Sin embargo, el efecto invernadero hace que el hielo de los polos se derrita. Al ocurrir esto, hay menos superficies blancas en las cuales estos rayos puedan reflejarse para regresar al espacio exterior. Esto contribuye al aumento de la temperatura de la Tierra o al llamado calentamiento global.

¿Qué es la capa de ozono? ¿Por qué es importante?

El ozono es un gas que se encuentra en la atmósfera y que está esparcido a una distancia de 15 a 50 kilómetros por encima de la superficie de la Tierra. Es además una forma de oxígeno que tiene tres átomos (O_3), en lugar de dos, como el oxígeno que respiramos (O_2).

La capa de ozono protege a los seres vivos de los rayos ultravioleta (UV) que vienen del Sol. Aunque no se pueden ver ni percibir, pueden ser perjudiciales para la salud y causar daño incluso cuando no hace calor o el día está nublado.

Algunos refrigeradores, aires acondicionados y aerosoles contienen sustancias agotadoras de la capa de ozono (SAO), que se acumulan en la atmósfera, reaccionan con los rayos solares y cambian la composición del ozono. Las SAO pueden permanecer en la atmósfera unos cien años y destruir la capa de ozono, permitiendo el paso de los rayos UV.

El aire

La capa de ozono es un escudo de gas que rodea el planeta y que protege a los seres vivos de los rayos solares perjudiciales. Debido a algunas sustancias contaminantes, esta capa se está adelgazando, lo que puede tener consecuencias negativas para toda la vida en el planeta.

El agotamiento de la capa de ozono permite que más radiación UV pase a través de la atmósfera y llegue a la tierra. Los rayos UV causan enfermedades de la piel, los ojos y debilitan el sistema inmunológico de los humanos; dañan las plantas y detienen su crecimiento; afectan al plancton y, por tanto, a muchos peces que se alimentan de él.

Puedes protegerte de los efectos nocivos de los rayos UV con bloqueador solar. Evita exponerte al sol entre las 10 a. m. y las 2 p. m., que son las horas de radiación solar más fuerte. Si debes permanecer al sol, aplícate bloqueador cada 3 horas.

También deberías saber...

... que el ozono puede producirse artificialmente. Esto se hace con ayuda de aparatos llamados generadores de ozono. El ozono que producen sirve para purificar el agua, desinfectar el aire y para algunos tratamientos médicos.

¿Cómo cuidar el aire?

Anima a todos en casa a usar el transporte público en lugar del auto familiar, especialmente si solo van a viajar una o dos personas.

Si vas a viajar en auto, procura compartirlo con vecinos, amigos y familiares que vayan a tomar la misma ruta que tú.

Recuérdale a la persona encargada del auto que debe hacerle una revisión frecuente al vehículo. Así se reduce la emisión de gases contaminantes.

Transpórtate en bicicleta siempre que puedas o camina a los lugares cercanos.

Mantente alejado de las personas mientras fuman. Así cuidarás tu salud.

Siembra plantas y árboles en casa y en tu comunidad.

El aire

Todos podemos ayudar a que el aire no se contamine si modificamos algunos hábitos. Cambiar el medio de transporte que usas normalmente o dejar de comprar ciertos productos puede ser un gran aporte. Anima a todos en tu casa, tu colegio y tu comunidad a seguir estas recomendaciones.

No permitas que se quemen hojas o basuras en casa, pues esto libera contaminantes hacia la atmósfera.

Trata de que en casa no se utilicen productos en aerosol, como fijadores de pelo, desodorantes o insecticidas.

Si visitas un bosque, asegúrate de no dejar desechos, en especial aquellos que pueden producir incendios.

También deberías saber...

...que no todas las fuentes de energía contaminan el aire. Hay un método para producir electricidad con la fuerza del viento. Esta energía se llama eólica y no libera sustancias tóxicas ni gases que dañen el medio ambiente.

EL SUELO

¿Qué es? ¿Cómo se forma?

En las rocas comienzan a crecer unas pequeñas plantas llamadas algas. Con el tiempo, los hongos se combinan con estas y forman líquenes, que descomponen las rocas poco a poco.

CAPAS DEL SUELO

Al morir los líquenes, se descomponen y forman una primera capa de suelo junto con la roca disuelta, en la cual crece el musgo. Esta planta puede retener mucha agua y permite que otras formas de vida habiten en ella, lo que genera más materia orgánica que contribuye a la formación de más capas del suelo.

Como hay más capas de suelo, es posible que crezcan organismos más grandes, como helechos, pequeñas plantas, hongos e insectos. Cuando mueren estos organismos, se crea más suelo.

Horizonte O	Humus / materia orgánica
Horizonte A	Capa superficial del suelo
Horizonte B	Subsuelo
Horizonte C	Fragmentos de la roca madre
Horizonte D	Roca madre

El suelo

El lugar sobre el que caminas, corres y juegas se llama suelo, que es una mezcla de minerales, materia orgánica, agua, aire, millones de organismos y restos en descomposición de seres que alguna vez estuvieron vivos. Se forma en la superficie del planeta y es esencial para la vida, pues en él crecen las plantas.

Los animales, el agua o el viento pueden transportar semillas que germinen en el suelo. Con el tiempo, podrán crecer arbustos y árboles.

El suelo se forma y se renueva constantemente, lo que permite que la vida siga su curso. Por ejemplo, este tronco muerto se descompone gracias a los líquenes y otros organismos que crecen sobre él, lo que permite que comience de nuevo el ciclo.

En esta imagen puedes observar todas las capas de suelo que se formaron a lo largo de miles de años gracias al proceso de formación del suelo.

También deberías saber...

… que deben pasar entre 500 y 1000 años para que se formen 2.5 centímetros de suelo mediante el proceso de formación del suelo. La tierra es un recurso no renovable, es decir, no se regenera rápidamente y puede llegar a agotarse si no se cuida.

¿Para qué sirve el suelo? ¿Por qué es importante?

Los seres humanos cultivan en el suelo las frutas y los vegetales que les sirven de alimento. También, césped para que los animales de cría, como las vacas, las ovejas y los caballos, se alimenten de él.

En Latinoamérica

Los pobladores indígenas de nuestro continente nos enseñaron que es posible utilizar la tierra para producir alimentos racionalmente, aprovechando los recursos que proporciona el suelo sin dañarlo, y creando ingeniosos y eficientes sistemas agrícolas. Ejemplo de esto, son las chinampas aztecas o las terrazas de cultivo andinas, utilizadas aún hoy en día. El transcurso del tiempo es testigo de la armónica relación que los nativos establecieron entre sus sistemas de producción y el medio ambiente.

Muchos organismos viven en el suelo, como las lombrices, los gusanos, las hormigas, los caracoles y los escarabajos. También es el hogar de animales más grandes, como los topos. Todos estos organismos ayudan a transformar los restos de plantas y animales en nutrientes para las plantas.

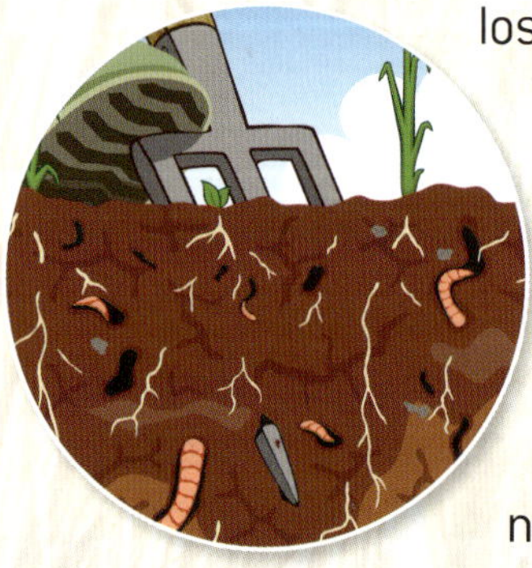

El suelo

El suelo es un recurso importante para la vida en el planeta. Sus nutrientes permiten que las plantas crezcan y que los demás seres vivos se alimenten de ellas. También es el hogar de muchos animales y ayuda a filtrar y purificar el agua. Todos nos beneficiamos de él de diferentes maneras.

El suelo ayuda a filtrar o limpiar el agua. La arena, el limo y la arcilla que hay en el suelo capturan los sólidos o contaminantes que puede haber en el agua que pasa a través de ellos. Al final, el agua limpia llega a los ríos subterráneos o a las plantas.

Los seres humanos construyen caminos y casas sobre el suelo con recursos que este mismo les da, como rocas, arena y madera.

También deberías saber...

... que el suelo guarda la historia del planeta. Enterrado en él hay artefactos de muchas culturas antiguas, como fragmentos de vasijas de cerámica, herramientas, construcciones y obras de arte. También pueden encontrarse los restos de animales prehistóricos, como los dinosaurios.

¿Cómo se deteriora el suelo?
¿Qué efecto tiene esto?

Cuando no hay plantas que protejan el suelo, la lluvia y el viento se llevan la tierra de la superficie, causando erosión y dificultando el crecimiento de nuevas plantas. Además, la tierra que es arrastrada llega hasta los arroyos y los ríos, lo que contamina y destruye el hogar de los peces y otros animales.

Los desechos orgánicos que hay en la basura se descomponen y forman un líquido contaminante llamado lixiviado, el cual puede mezclarse con la lluvia y contaminar la tierra.

Deforestación
El proceso de talar los bosques por la madera o para cultivar, criar animales o extraer minerales allí se llama deforestación. Si no se reponen los árboles que se cortan, el suelo se erosiona y muchas plantas y animales quedan sin hogar.

▶ Bosque natural

▶ Cultivos agrícolas

▶ La lluvia arrastra la capa superficial

▶ El suelo se vuelve infértil

El suelo

El suelo puede sufrir cambios naturales o causados por las actividades de los seres humanos, que no permiten que las plantas y los organismos crezcan en él. Cuando este se deteriora y no cumple con sus funciones normales, toda la vida en el planeta se ve afectada.

Es común que en los cultivos se utilicen pesticidas, que son sustancias que evitan que los animales y los insectos se coman las plantas. Cuando se riegan los cultivos, el agua se mezcla con los pesticidas y los lleva al suelo. Algunas de estas sustancias pueden tardar mucho tiempo en descomponerse, lo que contamina el suelo y las plantas.

Cada día hay más personas en el planeta. Esto hace que las ciudades crezcan y se ocupen espacios que antes eran bosques para construir viviendas, colegios, hospitales, etcétera.

Se queman los árboles

Cuando se cultiva mucho un mismo tipo de planta, el suelo pierde nutrientes y se erosiona, lo que impide que se pueda cultivar nada en él.

El suelo se compacta por el paso frecuente de ganado, personas o vehículos. Esto impide que lleguen agua y aire a las raíces de las plantas y estas no pueden crecer.

También deberías saber...

… que la deforestación de la selva del Amazonas afecta el clima del planeta. Los árboles absorben el dióxido de carbono en la atmósfera, pero al talarlos para obtener madera, criar ganado, plantar cultivos y construir carreteras, cada vez hay menos árboles que absorban el dióxido de carbono, un gas que contribuye al calentamiento global.

¿Cómo cuidar el suelo?

Separa los desechos orgánicos, como las cáscaras de las frutas y los restos de vegetales, de los demás residuos, así no se mezclarán en el vertedero de basura.

No arrojes ni entierres papel, vidrio, plástico ni desechos orgánicos en el suelo. Los contenedores de basura son el lugar apropiado para desecharlos.

Siembra plantas y árboles en tu casa o en tu comunidad.

Anima a todos en casa a utilizar productos de limpieza ecológicos.

Protege los árboles y las plantas que hay cerca de las corrientes de agua.

32

El suelo

Hay muchas cosas que puedes hacer en casa y en tu comunidad para evitar la contaminación y la degradación del suelo. Esto incluye cambiar la forma en que usas y desechas ciertos productos. Plantar árboles también puede ayudar. Recuerda que es importante que todos en casa y en tu comunidad participen.

Lee la sección de reciclaje para mayor información.

Si en tu casa hay un jardín, puedes proponerle a la persona encargada que utilice fertilizantes o abonos orgánicos. De este modo no se contamina el suelo.

Procura no arrojar a la tierra sustancias contaminantes, como jabones o aceites.

También deberías saber...

… que la mayoría de la basura que desechamos se descompone en el suelo. El agua, el sol, los microorganismos y las plantas ayudan en este proceso. Por ejemplo, los restos de comida solo tardan 3 días, pero algunos materiales tardan mucho más tiempo. Un envase de aerosol tarda 30 años en descomponerse y una botella de plástico, entre 400 y 1000 años.

MÁS IDEAS PARA CUIDAR EL PLANETA

La flora y la fauna

Para cuidar la flora y la fauna:

Es importante proteger el lugar donde habitan los animales y las plantas. No arrojes basura al suelo ni al mar y mantén limpia el agua.

Respeta los parques naturales y las áreas protegidas, es decir, no hagas fogatas, no caces animales y no contamines estas zonas. Además, es importante que no toques ni alimentes a los animales. Dales espacio para que no se sientan amenazados.

Más ideas para cuidar el planeta

Además del agua, el aire y el suelo, hay otros recursos que debemos conservar, como la flora, que es el conjunto de plantas y árboles que crece en una región, y la fauna, que son los animales que viven en una zona específica. Si las personas continúan destruyendo su hogar, muy pronto desaparecerán de la Tierra.

No lleves a los parques naturales animales que no sean propios de la región. Asimismo, no debes sacar a los animales que habitan en estas regiones para tenerlos como mascotas o para venderlos.

Tampoco arranques las plantas ni cortes los árboles. Recuerda que son el hogar de muchos animales, como los insectos y las aves.

En Latinoamérica

Se conoce una gran diversidad de fauna y flora. Sin embargo, la deforestación de los bosques para crear o ampliar áreas de cultivo o para la construcción de carreteras y urbanizaciones, ha destruido el hogar de muchas plantas y animales. Esto, sumado a la cacería y el tráfico ilegal, ha llevado a muchas especies al borde de la extinción.

El reciclaje: ¿Para qué sirve? ¿Qué se puede reciclar?

Muchos envases, botellas, platos y vasos hechos de vidrio pueden reciclarse muy fácilmente, pero algunos productos hechos con este material, como las bombillas, no pueden reciclarse. Lo mismo ocurre con los platos de cerámica.

Todos los envases de aluminio en los que vienen empacados alimentos y bebidas, como las gaseosas y el atún, pueden reciclarse.

Los periódicos, las revistas y las cajas están hechos de papel y cartón que puede reciclarse, pero las envolturas de las golosinas, las servilletas, el papel de cocina, el papel metalizado y todos los tipos de papel y cartón contaminados con restos de comida y grasa no pueden reciclarse.

Más ideas para cuidar el planeta

El reciclaje es el proceso de convertir los desechos y los materiales usados en nuevos productos. Por ejemplo, con el material de una botella de plástico reciclada pueden fabricarse cuerdas e hilos para diferentes usos. El reciclaje ayuda a proteger el agua, el aire y el suelo, pues evita que se contaminen.

Las bolsas transparentes, los envases de alimentos y bebidas, las tapas de plástico, los bidones y, en general, los envases que estén marcados con los símbolos del 1 al 6 pueden reciclarse. Los envases y los bidones con restos de pintura, fertilizantes o grasas, y los platos y vasos desechables no pueden reciclarse.

01 02 03 04 05 06

Los desechos orgánicos, como las ramas y hojas de los árboles y las plantas, las cáscaras de las frutas y todos los residuos que resultan de la preparación de alimentos, no pueden convertirse en nuevos productos, pero se descomponen rápidamente y pueden usarse como abono para las plantas.

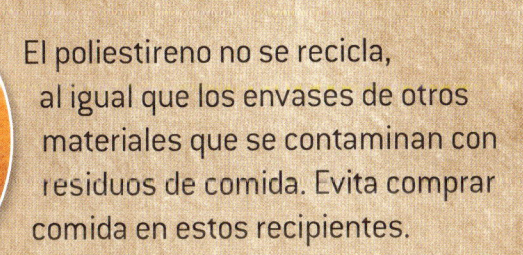

El poliestireno no se recicla, al igual que los envases de otros materiales que se contaminan con residuos de comida. Evita comprar comida en estos recipientes.

También deberías saber...

... que las pilas o las baterías, las bombillas ahorradoras y los teléfonos celulares pueden reciclarse, pero requieren un proceso especial. Almacénalos en un recipiente y llévalos a los lugares en donde se recolecta este tipo de residuos. No los arrojes con el resto de la basura porque pueden ser muy contaminantes. Por ejemplo, una sola pila de reloj puede contaminar 600 000 litros de agua.

37

Las cinco "R"

RECICLAR todo lo que se pueda

Significa separar o clasificar los residuos y las basuras que se producen en casa y en tu comunidad. Para hacer esta clasificación puedes utilizar contenedores de basura especiales para desechar cada tipo de residuo: papel, plástico, metal, desechos orgánicos, etcétera. Tras clasificarlos, puedes llevar los materiales reciclables a un centro especializado.

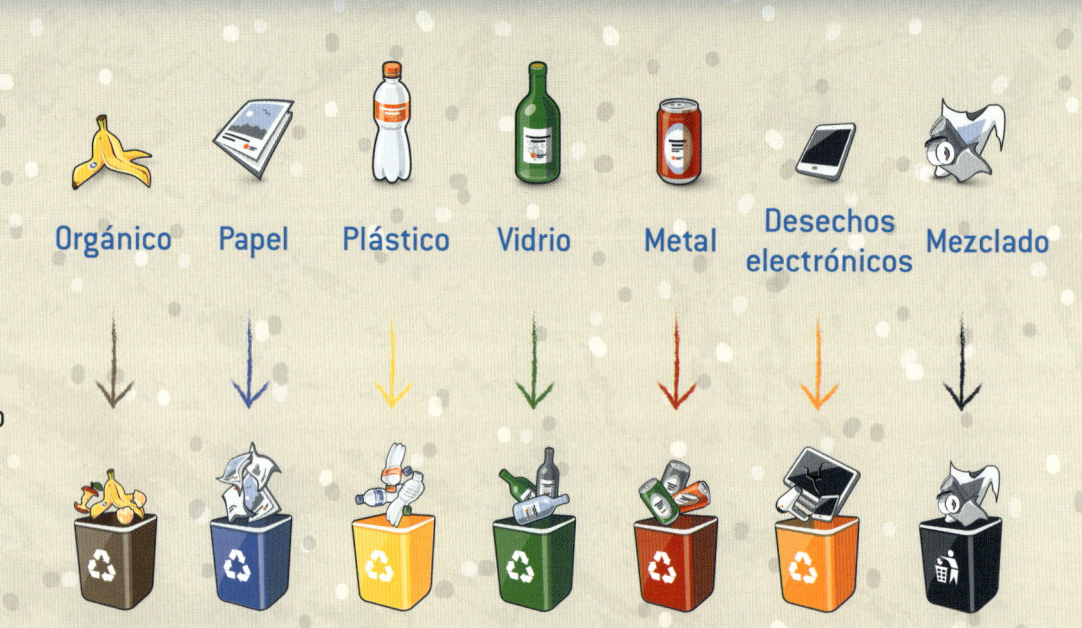

Orgánico   Papel   Plástico   Vidrio   Metal   Desechos electrónicos   Mezclado

REUTILIZAR lo que se tiene

Consiste en reparar o darle un nuevo uso a aquellos objetos que ya no se utilizan. También se puede reutilizar donando ropa, zapatos, juguetes y otros elementos que estén en buen estado y que puedan servirles a otras personas. Al hacer esto, evitas que a los vertederos de basura lleguen objetos que aún pueden cumplir alguna función.

En Latinoamérica

Según estudios del Banco Mundial, un latinoamericano puede llegar a producir en promedio 7 kilogramos de basura al día. Si en nuestro hogar, la escuela y la comunidad reducimos al máximo los desperdicios, reciclamos y reutilizamos todo lo que podamos, evitaremos que toneladas de basuras contaminen el medio ambiente y ayudaremos a salvar nuestro planeta.

Más ideas para cuidar el planeta

Puedes ayudar a cuidar el planeta en el que vives llevando a cabo estas cinco acciones. Si tú, tu familia y tu comunidad cambian algunos hábitos y ponen en práctica las cinco "R" todos los días, podrán evitar que el planeta se contamine. Recuerda que si todos ayudamos, tendremos un futuro mejor.

REDUCIR al máximo

Se refiere a pensar bien si es necesario comprar o utilizar ciertas cosas. En las tiendas, es importante que elijas productos que tienen solo los empaques necesarios. También puedes llevar una bolsa de tela para depositar las compras y evitar el uso de bolsas de plástico. Es importante que apagues las luces que no se están utilizando y que desconectes los electrodomésticos cuando no se necesiten. Además, cierra las llaves mientras no uses el agua.

RECHAZAR lo que es dañino

Se relaciona con evitar comprar y usar sustancias tóxicas o dañinas para el medio ambiente. Por lo general, los productos de limpieza contienen muchos químicos que contaminan, por eso es preferible que uses productos orgánicos y biodegradables.

RESPETAR el medio ambiente

Tiene que ver con valorar el planeta en el que vivimos: las personas, los animales, las plantas y todo lo que hace posible la vida aquí, como el aire, el agua y el suelo. Para lograrlo, debes proteger la naturaleza y evitar dañarla.

Ideas para reutilizar los desechos en casa

Puedes crear macetas para las plantas de tu casa con botellas de plástico, latas de alimentos o incluso zapatos. También puedes usar las botellas de vidrio como jarrones para las flores.

Puedes convertir las latas, las botellas y las cajas en recipientes para organizar tus lápices y colores o para guardar cualquier otra cosa. También puedes reutilizar los envases de vidrio y de plástico para almacenar alimentos o servir comida.

Más ideas para cuidar el planeta

A diario se desechan muchos objetos en casa y gran parte de ellos pueden reutilizarse para evitar que lleguen a los vertederos de basura y contaminen el medio ambiente. Te presentamos algunas ideas con las que puedes divertirte al tiempo que salvas el planeta.

Puedes elaborar juguetes, disfraces y otros objetos con algunos desechos mientras te diviertes con tus amigos.

Además, puedes decorar tu habitación y crear muchas obras de arte con materiales reutilizables.

41

¿Cómo plantar árboles? ¿Cómo cuidarlos?

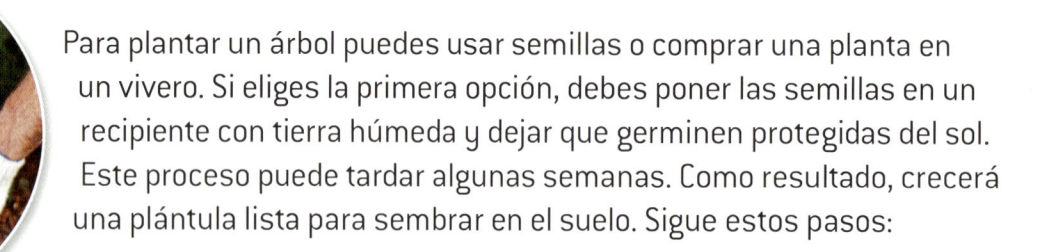

Para plantar un árbol puedes usar semillas o comprar una planta en un vivero. Si eliges la primera opción, debes poner las semillas en un recipiente con tierra húmeda y dejar que germinen protegidas del sol. Este proceso puede tardar algunas semanas. Como resultado, crecerá una plántula lista para sembrar en el suelo. Sigue estos pasos:

1 Saca la plántula de la bolsa o del recipiente en el que esté. Ten cuidado de no arrancar la planta. Sácala junto con las raíces y la tierra.

2 Cava un hoyo un poco más ancho y más profundo que la raíz y la tierra de la plántula.

3 Toma la plántula por el tallo cerca de la tierra, sin tocar ni maltratar las raíces. Ponla dentro del hoyo con cuidado.

Más ideas para cuidar el planeta

Plantar árboles es importante porque protegen el suelo y evitan que se erosione. Además, liberan vapor de agua que refresca y humedece el aire. Los árboles también utilizan el dióxido de carbono de la atmósfera y lo transforman en oxígeno. De igual forma sirven de hogar para muchos animales e insectos.

4 Rellena el hoyo con más tierra y compáctala con las manos para darle soporte a la planta.

5 Agrega un poco de abono o fertilizante orgánico cerca del tallo de la planta. Debes ponerlo en un pequeño hoyo a unos 10 centímetros del tallo. Después, debes regar la planta con agua.

6 Para que tu planta crezca sana y fuerte y se convierta en un gran árbol, es importante que la cuides, por ejemplo, debes regarla frecuentemente, cada dos o tres días dependiendo del clima. También debes agregar abono cada mes para que crezca más fuerte.

También deberías saber...

... que una familia puede consumir el equivalente en papel a 6 árboles. Si esa misma familia recicla todo ese papel, puede salvar 3 árboles y ahorrar 34 000 litros de agua.

GLOSARIO

aerosol: conjunto de pequeñas partículas que pueden ser sólidas o líquidas y que se encuentran acumuladas en un gas.

agua: recurso esencial para los seres vivos. Se caracteriza porque no tiene sabor, color ni olor. Puede encontrarse en estado líquido, sólido o gaseoso.

agua potable: agua que puede beberse sin riesgos para la salud.

aire: mezcla de gases que cubren la Tierra. Está conformado por nitrógeno, oxígeno y otros elementos esenciales para la vida de los seres vivos.

algas: grupo de plantas simples que viven libres en agua dulce o salada. Producen la mayor parte del oxígeno en el planeta.

atmósfera: capa de gas que rodea un planeta. En la Tierra, la atmósfera protege a todos los organismos de la radiación del sol.

bacterias: microorganismos que habitan en todos los ambientes. Son los organismos más antiguos y resistentes del planeta.

basura: cualquier material, residuo o producto que se desecha porque se considera que ya no tiene ninguna utilidad. Se produce principalmente en las ciudades y las industrias.

calentamiento global: aumento de la temperatura del planeta causado principalmente por el crecimiento de la actividad industrial en los últimos cien años.

cambio biológico: modificación de la vida normal de los seres vivos que habitan en un ambiente específico. Puede ser causado por la contaminación de los recursos.

cambio físico: alteración o modificación de la forma o la apariencia de una sustancia sin que esta se transforme en una sustancia nueva.

cambio químico: alteración de la composición y la apariencia de una sustancia. Ocurre cuando una sustancia entra en contacto con otra y se produce una nueva.

ciclo del agua: proceso continuo durante el cual el agua pasa por varios estados (líquido, gaseoso o sólido) y asegura que el agua se distribuya sobre la superficie terrestre.

combustibles fósiles: sustancias como el carbón, el petróleo y el gas natural, cuya energía sirve para hacer funcionar vehículos, máquinas, etcétera.

condensación: proceso durante el cual el vapor de agua se enfría y se convierte en agua líquida.

consumo: uso de los recursos naturales o de los productos creados por el hombre para satisfacer las necesidades de las personas.

contaminación: cambio perjudicial de las características físicas, químicas y biológicas de un ambiente. Afecta la vida y la salud de todos los organismos.

cultivar: sembrar y cuidar grandes cantidades de vegetales y frutos para el consumo humano.

Glosario

deforestación: proceso durante el cual los seres humanos destruyen los bosques y las plantas de una región mediante la tala o la quema de árboles.

degradación (del suelo): proceso durante el cual el suelo pierde poco a poco la capacidad de sostener la vida. Puede deberse a la pérdida de nutrientes, a la erosión o a la contaminación.

descomposición: proceso en el que un organismo muerto se convierte en otras sustancias más simples, como los nutrientes.

desechos: conjunto de residuos vegetales y animales que se desechan.

desperdiciar: malgastar o dar un mal uso a un recurso o producto.

detergente: producto de limpieza que contiene sustancias que, mezcladas con el agua, disuelven la suciedad, las grasas y los aceites.

dióxido de carbono: gas que se libera de forma natural durante la respiración de los seres vivos y por la actividad de los volcanes; también durante la quema de carbón y de productos derivados del petróleo.

ecológico: que defiende o protege el medio ambiente.

efecto invernadero: fenómeno que se produce por la acumulación de gases en la atmósfera, esto impide que la radiación del sol regrese al espacio exterior, lo que aumenta la temperatura en la superficie del planeta.

erosión: deterioro de la capa superficial de la Tierra causado por la deforestación, el viento y el agua.

esmog: tipo de contaminación atmosférica que se forma por la acumulación de sustancias tóxicas y vapor de agua.

evaporación: proceso mediante el cual un líquido, como el agua, se transforma en vapor.

extinción (peligro de): proceso que amenaza la supervivencia de una especie animal o vegetal debido a que el hombre transforma y reduce el lugar en el que habita.

fertilizante: materia natural o artificial que se añade a los suelos para aportarles los nutrientes necesarios para su salud y su funcionamiento.

ganado: conjunto de animales criados por el ser humano para la producción de carne, leche y otros productos alimenticios.

gas: sustancia cuyas diminutas partículas están separadas unas de otras y se mueven a gran velocidad.

hongos: organismos que viven en la superficie de la que se alimentan. Son importantes para la naturaleza, pues son responsables de gran parte de la descomposición de la materia orgánica.

incendio: evento en el que el fuego quema sin control lo que encuentra a su paso afectando o degradando el suelo y la vida.

industria: lugar donde se procesan materias primas para elaborar gran diversidad de productos.

insecticida: sustancia química empleada para matar insectos. Por lo general, se usa para proteger los cultivos y prevenir la transmisión de enfermedades.

liquen: organismo que resulta de la unión de un hongo con un alga.

lixiviado: líquido contaminante que resulta de la descomposición de la materia orgánica.

lluvia ácida: fenómeno que ocurre cuando el vapor de agua entra en contacto con gases contaminantes y luego cae a la tierra en forma de lluvia.

medio ambiente: espacio físico en el que se desarrolla la vida. Incluye el agua, el suelo, el aire y las relaciones entre estos y los seres vivos.

medio de transporte: vehículo que permite llevar objetos o personas de un lugar a otro, como un auto, un avión, un tren o una bicicleta.

metano: combustible fósil de uso industrial y doméstico, también conocido como gas natural. Es el más limpio y el menos contaminante para la atmósfera.

microorganismos: seres vivos tan pequeños que solo pueden verse bajo un microscopio.

musgo: planta pequeña que habita en ambientes húmedos o acuáticos y crece sobre las piedras, las cortezas de los árboles, los muros y los tejados, formando una capa verde, gruesa y suave.

nutriente: sustancia necesaria para el desarrollo y crecimiento de los seres vivos. Se encuentra en el suelo, en los desechos orgánicos y en los alimentos.

organismo: cualquier ser vivo que se desarrolla, se alimenta y se reproduce en un ambiente específico.

oxígeno: gas que se encuentra en el aire y el agua, y que es necesario para la vida de los seres vivos. Los animales respiran el oxígeno que las plantas liberan.

papel: lámina hecha con la fibra de algunas plantas que se utiliza para escribir y dibujar, entre otros usos.

petróleo: combustible fósil líquido que se utiliza como fuente de energía para la industria y el transporte.

poliestireno: plástico derivado del petróleo utilizado como recipiente para alimentos o para proteger objetos empacados.

precipitación: agua que cae del cielo en forma de lluvia, nieve o granizo.

raíz: parte de la planta que se fija al suelo y que absorbe agua y nutrientes.

reciclaje: proceso mediante el cual se utilizan algunos desechos para transformarlos en productos nuevos.

recurso: elemento de la naturaleza utilizado por los seres vivos para satisfacer sus necesidades, como alimento, abrigo o refugio.

regeneración: proceso de recuperación del suelo o de la vegetación después de un desastre natural o de un daño causado por el hombre, por ejemplo, un incendio.

semilla: grano en el interior de un fruto que cuando germina da origen a una nueva planta.

suelo: mezcla de minerales, materia orgánica, agua y aire que sustenta la vida de millones de organismos.

sustancia tóxica: producto que puede causarle daño a la salud de los seres vivos o al medio ambiente.

temperatura: medida del frío o del calor de los cuerpos y del ambiente.

vertedero (de basuras): lugar donde se depositan los desechos de las ciudades.

ÍNDICE

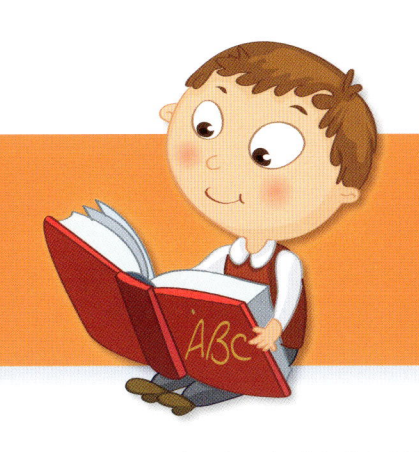

aerosoles 19, 21-22, 25, 33
agua 4, 6-16, 20, 23, 26-27, 29, 31-35, 37, 39, 43
- Ciclo del, 6-7, 9, 20
- Contaminación 10-13
- Cuidados 14-15

aire 7, 16-25, 27, 31, 35, 37, 39, 43
- Capa de ozono 22-23
- Contaminación 18-21
- Cuidados 24-25

atmósfera 17, 19-20, 22-23, 25, 31, 43
calentamiento global 21, 31
combustibles fósiles 11, 18
- Petróleo 11, 18
- Metano 18

deforestación 30-31
desechos 10, 12-13, 18, 25, 30, 32, 37-38, 40-41
- Orgánicos 10, 12, 18, 30, 32, 37-38
- Electrónicos 38

dióxido de carbono 16, 31, 43
efecto invernadero 20-21
energía 8, 25
- Eléctrica 8
- Eólica 25

erosión 30, 31, 43
fauna 34-35
flora 34-35
lixiviados 30
lluvia ácida 20-21
medio ambiente 5, 13, 19, 25, 39, 41

medios de transporte 9, 15, 19, 21, 24-25
- Auto 15, 19, 21, 24
- Avión 19
- Bicicleta 24
- Camión 19
- Transporte público 24

oxígeno 12-13, 16-17, 22, 43
planeta 4-5, 9, 15, 17, 20-21, 23, 27, 29, 31, 34-43
- Cuidados 34-43

reciclaje 14, 33, 36-38, 43
suelo 20, 26-35, 37, 39, 42-43
- Formación 26-27
- Degradación 30-31
- Cuidados 32-33

Cómo cuidar nuestro planeta

Créditos de imágenes: carátula: © Alita Bobrov/Shutterstock (glacier bay in Alaska); carátula: © NASA (planet Earth); contracarátula: © EduardSV/Fotolia (plantar árbol); contracarátula: © stenic56/Shutterstock (boy putting waste into bin); contracarátula: © sakhorn/Shutterstock (spraying pesticide); contracarátula: © WavebreakMediaMicro/Fotolia (family camping); contracarátula: © Monkey Business/Fotolia (Children Riding Bikes); p. 1: © NASA (planet Earth); p. 1: © Hurst Photo/Shutterstock (children recycle bin); p. 1: © Sergey Plakhotin/Shutterstock (Ferns); p. 1: © Anita Patterson Peppers/Shutterstock (niña abraza perro); p. 1: © singkham/Fotolia (hand planting tree); p. 1: © 7ynp100/Shutterstock (frosty morning on a reservoir, Ural Mountains, Russia); p. 1: © Donatas Dabravolskas/Shutterstock (Favela da Rocinha); p. 1: © wavebreakmedia/Shutterstock (boy watering plant); pp. 2-3: © Lukas Gojda/Shutterstock (spring background); p. 2: © sumire8/Shutterstock (seashells and starfish); p. 3: © Eric Isselee/Shutterstock (*Trichoglossus haematodus*); p. 3: © Alex Staroseltsev/Shutterstock (ladybug); p. 3: © Photografyk/Shutterstock (*Nicandra Physaloides*); p. 3: © Christian Vinces/Shutterstock (*Rupicola peruviana*); p. 4: © Robert Eastman/Shutterstock (white lipped tree frog); pp. 4-5: © Pablo Scapinachis/Shutterstock (planeta); p. 5: © Paul B. Moore/Shutterstock (great sea turtle); pp. 6-7: © robert_s/Shutterstock (water and air bubbles); p. 6: © Peter Sobolev/Shutterstock (plastic mesh); p. 6: © 7ynp100/Shutterstock (frosty morning on a reservoir, Ural Mountains, Russia); p. 6: © ActiveLines/Shutterstock (river flowing); pp. 6-7: © LSkywalker/Shutterstock (water circulation on Earth); p. 7: © Andrey tiyk/Shutterstock (blue sky and white clouds); p. 7: © Tancha/Shutterstock (rain); p. 7: © Alita Bobrov/Shutterstock (glacier bay in Alaska); pp. 8-9: © volod2943/Fotolia (water drops); p. 8: © Double Brain/Shutterstock (bio infographics water); p. 8: © Margoe Edwards/Shutterstock (washing hands); p. 8: © Subidubi/Shutterstock (dam); p. 8: © Valerio Pardi/Shutterstock (Pasta boiling); p. 9: © Deyan Georgiev/Shutterstock (Irrigation systems); p. 9: © Elenarts/Shutterstock (*argentinosaurus* drinking); p. 9: © EPG_EuroPhotoGraphics/Shutterstock (Fishing boat); pp. 10-11: © Belovodchenko Anton/Shutterstock (dirty pool); p. 10: © Gwoeii/Shutterstock (plastic debris polluting); p. 10: © mmarius/Shutterstock (farm animals); p. 10: © Lorelyn Medina/Shutterstock (Industrial Wastes); p. 10: © Fotokostic/Shutterstock (Tractor spraying); p. 11: © Macrovector/Shutterstock (water pollution); p. 11: © kajornyot/Shutterstock (oil spill); p. 11: © Martchan/Shutterstock (Polluted water); pp. 12-13: © Vladimir Arndt/Shutterstock (Watercolor in water); p. 12: © lalan/Shutterstock (beakers); p. 12: © rfvectors.com/Fotolia (rising thermometer); p. 12: © cantor pannatto/Fotolia (kid holding nose); p. 12: © Strahil Dimitrov/Shutterstock (Illegal landfill); p. 12: © Tatiana Shepeleva/Fotolia (Bacteria and virus); p. 13: © wk1003mike/Shutterstock (fish die); p. 13: © Camilla Z/Shutterstock (Turtle eating plastic bag); p. 13: © Mr Twister/Shutterstock (Sewage in motion); pp. 14-15: © Preto Perola/Shutterstock (shining blue water); p. 14: © Oleg Mikhaylov/Shutterstock (Boy shower); p. 14: © Nataliiap/Shutterstock (Girl Brushing Teeth); p. 14: © Daniel Korzeniewski/Shutterstock (Kid playing with water); p. 14: © wavebreakmedia/Shutterstock (boy watering plant); p. 14: © Hurst Photo/Shutterstock (children recycling); p. 14: © Chonlawut/Shutterstock (water bucket); p. 15: © Marcel Mooij/Shutterstock (Boy doing the dishes); p. 15: © Zurijeta/Shutterstock (car cleaning); p. 15: © ILYA AKINSHIN/Shutterstock (Water dripping from tap); p. 15: © etorres/Shutterstock (dumpster full of food); p. 15: © iralu/Shutterstock (plumber fixing); pp. 16-17: © MarcelClemens/Shutterstock (Earth's surface); p. 16: © Leeyenz/Fotolia (Tropical Fish); p. 16: © marziafra/Fotolia (Plaza Mayor, Lima, Perú); p. 16: © wawritto/Shutterstock (photosynthesis); p. 16: © Alexander Chelmodeev/Shutterstock (Dog); p. 17: © cherezoff/Shutterstock (Hot air balloon); p. 17: © Lebendkulturen.de/Shutterstock (Micrasterias truncate); pp. 18-19: © huyangshu/Shutterstock (hot steam); pp. 18-19: © drical/Shutterstock (car fuming); p. 18: © jamesbin/Fotolia (spray); p. 18: © Sergey Bogdanov/Shutterstock (Poultry farm aviary); p. 18: © Leonid Ikan/Shutterstock (Black smoke burning); p. 19: © jamesbin/Fotolia (spray); p. 19: © VanderWolf Images/Shutterstock (Pipe factory smoke); p. 19: © vallustration/Shutterstock (no smoking); p. 19: © wawritto/Fotolia (volcano); pp. 20-21: © Bohbeh/Shutterstock (Air pollution); p. 20: © npine/Shutterstock (man acid rain); p. 20: © Hung Chung Chih/Shutterstock (Asian boy wearing mouth mask); p. 20: © daulon/Shutterstock (Greenhouse Effect of Earth); p. 21: © rossco/Shutterstock (Diseased Leaf); p. 21: © kdshutterman/Shutterstock (pouring eye drops in eye); p. 21: © Graphithèque/Fotolia (Un glacier); pp. 22-23: © Andrey Armyagov/Shutterstock (Earth aerial view); p. 22: © NASA (planet Earth); p. 22: © Ase/Shutterstock (Green Earth); p. 22: © solarseven/Shutterstock (The Sun); p. 22: © Shipovalov Aleksandr/Shutterstock (The Ozone hole); p. 23: © lineartestpilot/Shutterstock (cartoon sun burnt tourist); p. 23: © Lorelyn Medina/Shutterstock (Wilted Plant); p. 23: © BlueRingMedia/Shutterstock (Leftover of a fish); p. 23: © Dmitry Naumov/Shutterstock (Child sunblock cream); p. 23: © Vitaly Korovin/Shutterstock (pouring water into a glass); pp. 24-25: © Elenamiv/Shutterstock (Blue sky); p. 24: © Christos Georghiou/Fotolia (Wind power energy); p. 24: © dglimages/Fotolia (woman on bus); p. 24: © Monkey Business/Fotolia (Car Pooling Journey); p. 24: © rukawajung/Fotolia (screwdriver open car); p. 24: © Monkey Business/Fotolia (Group Of Children Riding Bikes); p. 24: © vallustration/Shutterstock (no smoking); p. 24: © singkham/Fotolia (hand planting tree); p. 25: © Budimir Jevtic/Fotolia (Trash burning); p. 25: © ADE2013/Shutterstock (Bug Spray); p. 25: © WavebreakMediaMicro/Fotolia (family camping); p. 25: © Christos Georghiou/Fotolia (Wind power energy); p. 25: © sapto7/Fotolia (Super Kid); pp. 26-27: © Elenamiv/Shutterstock (Summer meadow); pp. 26-27: © Designua/Shutterstock (Soil Formation and Horizons); p. 26: © The Visual Explorer/Shutterstock (lichen bush); p. 26: © Efired/Shutterstock (Green moss); p. 26: © Sergey Plakhotin/Shutterstock (Ferns growing); p. 27: © kryzhov/Shutterstock (yellow flowers and moss growing); p. 27: © Richard A McMillin/Shutterstock (Covered Log); p. 27: © Wassana Mathipikhai/Shutterstock (Tree and section of soil); p. 27: © corbac40/Shutterstock (soil layer); pp. 28-29: © V. Shvd/Shutterstock (Golden wheat); pp. 28-29: © Tomacco/Shutterstock (Home Construction); p. 28: © Neale Cousland/Shutterstock (Inca Trail); p. 28: © Vipavlenkoff/Shutterstock (corn plants); p. 28: © Robert Adrian Hillman/Shutterstock (earthworms in garden soil); p. 29: © Banet/Shutterstock (Wellspring); p. 29: © Teguh Mujiono/Shutterstock (*Tyrannosaurus rex* fossil); pp. 30-31: © igor.stevanovic/Shutterstock (Drought land); pp. 30-31: © mapichai/Shutterstock (Deforestation); p. 30: © Kedsirin.J/Shutterstock (landslides); p. 30: © jamesbin/Fotolia (waste); p. 31: © sakhorn/Shutterstock (spraying pesticide); p. 31: © Donatas Dabravolskas/Shutterstock (Favela da Rocinha); p. 31: © Andre Adams/Shutterstock (crop field); p. 31: © Matthew Cole/Shutterstock (big brown rocks); p. 31: © mmarius/Shutterstock (farm animals); p. 31: © BMJ/Shutterstock (tropical deforestation); pp. 32-33: © Artyom Rudenko/Fotolia (green); pp. 32-33: © moremari/Fotolia (growing shoots and ladybird); p. 32: © Denis Voronin/Fotolia (Pile of garbage); p. 32: © photka/Shutterstock (composting); p. 32: © stenic56/Shutterstock (boy putting waste food into bin); p. 32: © EduardSV/Fotolia (hands); p. 32: © geografika/Fotolia (cleaning products); p. 32: © Feng Yu/Fotolia (Bow River in Calgary); p. 33: © K.-U. Häßler/Fotolia (Garten); p. 33: © sablin/Fotolia (Bidon); p. 33: © moremari/Fotolia (growing shoots and ladybird); pp. 34-35: © Fon_nongkran/Shutterstock (green grass); p. 34: © rungrote/Shutterstock (Leaves of coconut tree); p. 34: © Teguh Mujiono/Shutterstock (red parrot); p. 34: © Robert Eastman/Shutterstock (White Lipped Tree Frog); p. 34: © Triling Studio LTd./Shutterstock (butterflies); p. 34: © sokolova_sv/Shutterstock (hummingbirds and yellow flowers); p. 34: © Eric Isselee/Shutterstock (Lama glama); p. 35: © Rostislav_Sedlacek/Shutterstock (vine leaves); p. 35: © sumire8/Shutterstock (Seashells and starfish); p. 35: © Paul B. Moore/Shutterstock (great sea turtle); p. 35: © Nina Lishchuk/Shutterstock (deforestation); p. 35: © ognivo/Shutterstock (tulips illustration); pp. 36-37: © Bplanet/Shutterstock (recycled paper on grass); p. 36: © divboxpl/Shutterstock (Colored glass bottles); p. 36: © Ulyana Khorunzha/Shutterstock (Colored ceramic dish); p. 36: © O.Bellini/Shutterstock (aluminum cans); p. 36: © Ulrich Mueller/Shutterstock (Paper packages); p. 36: © Jiri Hera/Shutterstock (potato chips); p. 37: © limpido/Shutterstock (plastic bottle); p. 37: © NEGOVURA/Shutterstock (recycling symbols); p. 37: © vilax/Shutterstock (food waste); p. 37: © ineng/Shutterstock (Thai street food); p. 37: © Piotr Zajc/Shutterstock (Batteries to recycling); pp. 38-39: © grmarc/Shutterstock (recycle design); p. 38: © grmarc/Shutterstock (recycle design); p. 38: © petovarga/Shutterstock (separation recycling bins); p. 38: © Thailand Travel and Stock/Shutterstock (recycle of tire); p. 38: © D.J.McGee/Shutterstock (Recycling Super Hero); p. 39: © T.Dallas/Shutterstock (Water saving); p. 39: © Arcady/Shutterstock (Do not litter sign); p. 39: © Anita Patterson Peppers/Shutterstock (niña abraza perro); pp. 40-41: © STILLFX/Shutterstock (cardboard texture); pp. 40-41: © Lorelyn Medina/Shutterstock (Kids Making Makeshift Robots); p. 40: © Studio DMM Photography, Designs & Art/Shutterstock (Painted Hands); p. 40: © NaiyanaB/Shutterstock (recycle pink can); p. 40: © Filipe B. Varela/Shutterstock (recycle plastic bottle); p. 40: © LINDEN STUDIO/Shutterstock (Leather shoe with grass); p. 40: © Sofia Bahar/Shutterstock (purple flowers in green bottles); p. 40: © Suzi Nelson/Shutterstock (Bottle Full of Cash); p. 40: © ajt/Shutterstock (Crayons and pens in waste tin); p. 40: © Elena Demyanko/Shutterstock (Cakes in a glass jars); p. 41: © Juan Aunion/Shutterstock (Cardboard Christmas tree); p. 41: © billdayone/Shutterstock (Tin cans); p. 41: © marekusz/Shutterstock (car made of corrugated cardboard); p. 41: © Gines Romero/Shutterstock (Playroom for kids); p. 41: © zlikovec/Shutterstock (egg carton flower bouquet); p. 41: © Sergi Lopez Roig/Shutterstock (child painting a cardboard tube); pp. 42-43: © antart/Shutterstock (Season tree); pp. 42-43: © Z-art/Shutterstock (How to put tree. The instruction in pictures); p. 42: © EduardSV/Fotolia (hands); p. 43: © Vanatchanan/Fotolia (Paper cut); p. 43: © singkham/Fotolia (hand planting tree); pp. 44-47: © Matthew Cole/Shutterstock (kids studying); pp. 44-47: © Lyudmyla Kharlamova/Shutterstock (Back to school); p. 48: © Anna Kutukova/Shutterstock (Colorful Earth illustration. Watercolor style with swashes, spots and splashes).